camarón
boxeador

...uilla

cormorán

tortuga
marina
verde

lagarto
verde

cría de loro dientón
amarillo

propágulos
de mangle

pez ardilla

doncella
cabeciazul

garceta
verde

pez
ángel
gris

polluelo del
pelícano Pardo

Mapa

...elia

Egipto

Arabia
Saudita

Sudán

Mar Rojo

Pakistán

Asia

Mar
Arábigo

India

Bahía
de
Bengala

Myanmar
(Birmania)

Mar de
la China
del Sur

Filipinas

Océano

Pacífico

...geria

África

Somalia

Malasia

...erún
Gabón

Tanzania

Congo

Angola

Mozambique

Madagascar

Mauricio

Indonesia

Papúa
Nueva
Guinea

Namibia

Océano

Índico

Australia

Nueva
Zelanda

delfín

ostras
de
mangle

pez
mosquito

cría de
barracuda

caballito
de
mar

bígaro o
caracolillo de mar

Con amor para todos los Cherrys, mi maravillosa y amorosa familia, que siempre me ha apoyado: Mamá (Helen), Steve, Dawn, Jason, Lauren, Nicholas, Michael, Tracy, Cameron y Ben

Introducción

El sol tropical calienta las lagunas caribeñas todo el año. Las lagunas son un lugar perfecto para que los mangles echen raíces. Un manglar ofrece un hogar ideal para muchos animales. Mientras más grande y complejo se hace un mangle, más animales van a vivir entre sus ramas y raíces. Las hojas de mangle caen al agua, quedan atrapadas en las raíces y proveen alimento a muchos organismos vivos. Estas hojas se descomponen formando un lecho de limo en donde pueden crecer hierbas. A su vez, las hierbas marinas (algas) son un magnífico hábitat para las tortugas marinas, los caballitos de mar y cientos de especies de peces. Los corales y las anémonas de colores colonizan las raíces de los mangles y crean arrecifes. Las garzas nocturnas, las garzas morenas, los pelícanos pardos y otras criaturas que se alimentan de pescado atrapan su comida en los bajíos que rodean los manglares. Las tormentas tropicales son frecuentes, pero los mangles protegen la tierra firme de los poderosos vientos. Muchos de los camarones y peces que comemos empiezan su vida en estos viveros protegidos alrededor de los manglares. Ésta es la historia de una comunidad de especies cuya existencia depende de los manglares del mar Caribe.

Aunque no todas las especies que se describen en este libro se encuentran en una sola zona de mangles (por ejemplo, actualmente no hay manatíes en las Islas Vírgenes), casi todas se pueden encontrar en los mangles de Belice; la isla de St. John, perteneciente a las Islas Vírgenes de Estados Unidos; y la bahía de Biscayne, en Florida.

Copyright © 2004 by Lynne Cherry
Spanish translation copyright © 2008 by Farrar, Straus and Giroux
All rights reserved
Distributed in Canada by Douglas & McIntyre Ltd.
Printed and bound in China by South China Printing Co. Ltd.
First edition, 2004
Mirasol edition, 2008
1 3 5 7 9 10 8 6 4 2

www.fsgkidsbooks.com

Library of Congress Cataloging-in-Publication Data
Cherry, Lynne.
 [Sea, the storm, and the mangrove tangle. Spanish]
 El mar, la tormenta y el manglar / Lynne Cherry ; traduccíon de Eida del Risco.— 1st ed.
  p. cm.
 Summary: A seed from a mangrove tree floats on the sea until it comes to rest on the shores
of a faraway lagoon where, over time, it becomes a mangrove island that shelters many birds
and animals, even during a hurricane.
 ISBN-13: 978-0-374-32069-0
 ISBN-10: 0-374-32069-1
 [1. Mangrove swamps—Fiction. 2. Marine animals—Fiction. 3. Ecology—Fiction.
4. Caribbean Area—Fiction. 5. Spanish language materials.] I. Risco, Eida del. II. Title.

PZ73.C523 2007
[Fic]—dc22

2007032821

The publisher gratefully acknowledges the grant made by Environmental Defense in support of the translation.

EL MAR, LA TORMENTA Y EL MANGLAR

LYNNE CHERRY

Traducción de Eida del Risco

Mirasol / *libros juveniles*

Farrar Straus Giroux — New York

Sobre un mar tropical salado y poco profundo, una bandada de pelícanos vuela alrededor de un manglar.

De las ramas de estos mangles, cuelgan largas semillas germinadas llamadas propágulos.

Cuando uno de los pelícanos se posa, sacude una rama y un propágulo cae al mar. El propágulo es arrastrado por una fuerte corriente durante semanas, hasta que llega a la orilla de una laguna lejana.

Allí echa raíces, le brotan hojas y empieza a crecer.

Durante décadas, bajo el caliente sol del Caribe, mientras las mareas suben y bajan, crece poco a poco, y le nacen raíces fúlcreas que lo ayudan a mantenerse en pie.

Al cabo de cincuenta años, su vasta red de raíces lo ancla, permitiéndole sobrevivir a las tormentas. Ahora es un árbol muy elegante.

Un cangrejo de mangle corre y exclama, "¿Cómo puede crecer un árbol en este mar salado?" Trepa por la planta para comerse las hojas y se instala en el mangle. Ostras de mangle, anémonas de mar y un coral se asientan en las raíces. Pequeños cangrejos de mar (violinistas) corretean por debajo de la línea demarcada por la marea alta, y desaparecen en agujeros bajo las raíces del mangle.

Un bígaro o caracolillo de mar llega al mangle y piensa,
"Puedo comer las algas pequeñas que crecen en estas raíces."
Y se queda a vivir allí.

Las hojas de mangle caen al agua, se descomponen y se
convierten en limo. En este limo, empiezan a crecer algas más
grandes, también llamadas hierbas marinas.

Pasan varios años más y el mangle se vuelve cada vez más grande, le crecen más ramas y raíces fúlcreas. Le crecen flores que son polinizadas con ayuda del viento.

Pedazos de madera que flotan en el mar traen lagartos hasta el mangle. "Podemos comernos las hormigas, los mosquitos y los demás insectos que caminan y vuelan sobre estas flores," piensan los lagartos.

Los colibríes esconden su nido entre las tupidas ramas del mangle, mientras que una oruga y un cangrejo de mangle mordisquean las hojas.

Cuando a las flores del mangle se les caen los pétalos, se forman los propágulos. Estas semillas vivas se alargan y se vuelven pesadas de modo que caen entre las raíces del mangle y se quedan en las algas. Allí, los nuevos propágulos empiezan a crecer.

Un caballito de mar lleva sus bebés en una bolsita en la barriga.
"Éste es un buen sitio para esconder a mis bebés," piensa, y los suelta
con cuidado en la alfombra de algas. Mamá camarón y mamá pez también
ponen allí sus huevitos. Los roncos y las cuberas se alimentan de las algas
por la noche y, por el día, se esconden de peces más grandes entre las raíces
del mangle.

De los propágulos crecen nuevos mangles. Durante setenta años, este manglar crece y se extiende, cubriendo un área cada vez mayor.

Los delfines ven que el agua que rodea el manglar rebosa de peces y deciden quedarse allí.

Los manatíes vienen a alimentarse de las algas, y ellos, también, establecen su hogar en las aguas que rodean los manglares.

Han pasado cien años desde que el primer propágulo echó raíces aquí, y el manglar se ha convertido en una isla.

Mientras una bandada de pelícanos se lanza al agua a pescar, dos pescadores pasan en un bote. Uno dice, "Vamos a cortar esos mangles para construir un criadero de camarones."

El otro pescador replica, "Pero estos mangles son los únicos árboles que pueden crecer en agua salada. Muchos de los peces del océano empiezan su vida en viveros alrededor de estas islas de mangles. Si destruimos los mangles, destruimos los peces que nos alimentan." Así que salen al mar abierto y dejan la isla en paz.

Dos pelícanos se acurrucan en los mangles y piensan, "Aquí podemos construir un nido y zambullirnos para pescar." Llegan garzas a cazar camarones, cangrejos y pececillos. Un rabihorcado magnífico infla su gran bolsa roja para impresionar a su pareja.

Una tarde, un pelícano vuela hasta el manglar. Casi sin aliento, anuncia, "¡Tengan cuidado! ¡Prepárense! ¡Se acerca una tormenta! ¡Un viento furioso sopla en esta dirección!" Llama a las criaturas del aire: "Escóndanse bien entre las ramas de los mangles."

Los manatíes sacan la nariz al aire y olfatean. Sí, se siente un dulce y húmedo olor a lluvia. En el horizonte ven, muy lejos, penachos de lluvia que descienden de una balsa de nubes oscuras. Un huracán se aproxima.

Los caballitos de mar avisan a las otras criaturas marinas,
"¡Vengan con nosotros! ¡Debajo de las raíces, en medio de los
mangles, estaremos a salvo!"

Todos nadan, se arrastran, se escurren y se deslizan hasta el refugio que les ofrecen las raíces de los mangles.

Esa noche, la brisa se convierte en una rugiente tempestad. Nubes gruesas, oscuras y fragorosas recorren en cielo. "¡El huracán ya está aquí!" gritan los animales. El viento canta y gime entre los mangles, azotando, partiendo y arrancando las ramas.

Los pájaros se agarran con firmeza, luchando contra la fuerza del huracán toda la noche. Bajo el mar, la arena se revuelve, mientras olas gigantescas sacuden y hacen girar los peces y los caballitos de mar, tratando de arrancar las raíces de los mangles del fondo del mar.

A la mañana siguiente, todo está en calma. El sol brilla
detrás de nubes de color púrpura que se alejan. Y un propágulo
de mangle se aleja flotando en la corriente.

Los pájaros abandonan la seguridad de las ramas dañadas de los mangles. Los caracolillos de mar atisban tímidamente desde sus conchas y miran alrededor. Los peces, los cangrejos y los caballitos de mar se alejan nadando de las protectoras raíces de los mangles. Todos están a salvo.

Mientras tanto, el propágulo arrastrado
por la tormenta llega a la orilla de una laguna
lejana.

Han pasado diez años. Ramas muertas y descoloridas todavía cuentan la historia del huracán. Pero nuevos brotes han surgido de las ramas partidas de los mangles, y el manglar es aún más grande, más ancho y más profundo.

Ahora, mientras los pelícanos se secan las plumas, los delfines saltan, giran y juegan en las olas, y los manatíes se recuestan con pereza en su cama de algas . . . mientras una garza caza en las aguas poco profundas y un halcón chilla . . .

. . . el propágulo de mangle arrastrado por las olas a una laguna lejana se ha convertido en un pequeño mangle. Y allí continúa creciendo . . . y creciendo . . . y creciendo.

Nota de la autora

Los mangles están en peligro. Los están cortando para hacer criaderos de camarones y empresas comerciales como hoteles y casas de veraneo. Miami Beach era un manglar antes de que lo cortaran para desarrollar el turismo.

Sin mangles, las áreas costeras son azotadas por tormentas feroces que causan inundaciones y erosión. Los mangles actúan de filtro: cuando los contaminantes provenientes de las carreteras, estacionamientos y áreas agrícolas se vierten en el mar, los mangles ayudan a limpiar el agua. Los mangles detienen los sedimentos arrastrados río abajo después de la deforestación de un terreno. Impiden que el limo cubra y ahogue los arrecifes de coral, que también están en peligro. Y sin este hábitat natural, disminuiremos el número de peces del océano, de los que dependemos para obtener alimento. Muchos peces de río pasan gran parte de su vida en el océano (se les llama anádromos), de modo que la tala de mangles también puede afectar a las personas y los animales que comen peces de agua dulce.

Puedes visitar un hábitat de manglar intacto en el Parque Nacional Biscayne en Florida, o en el Parque Nacional Islas Vírgenes en St. John, Islas Vírgenes.

Puedes ayudar a salvar los manglares escribiendo cartas de apoyo para preservar ecosistemas de mangles, y no comiendo camarones si no sabes dónde han sido criados. A menos que tengan una etiqueta y se anuncien de forma especial, los camarones comprados en los supermercados o restaurantes hoy en día, se crían en criaderos de camarones. Cada vez que comes uno de estos camarones, "votas" por la destrucción de los manglares para hacer criaderos de camarones.

Para más información acerca de los manglares y cómo puedes ayudar a salvarlos, visita los sitios de internet de Industrial Shrimp Action Network (ISA Net) en *www.shrimpaction.org* y el Mangrove Action Project en *www.earthisland.org/map/index.htm*. ISA Net es un grupo que apoya y promueve granjas de camarones responsables y sostenibles, la conservación de pantanos, y hace también campañas contra la cría irresponsable de camarones.

Agradecimientos

Debo la exactitud científica de este libro a muchas personas, pero sobre todo, a la bióloga marina Candy Feller del Centro de Investigaciones Medioambientales Smithsonian, en Edgewater, Maryland, y a Gary Bremen del Parque Nacional Biscayne en Florida. Agradezco también a Laurel Brannick del Parque Nacional Islas Vírgenes; a Joey de Martelly, de la Estación de Investigaciones Medioambientales de Islas Vírgenes; y de nuevo a Gary Bremen, por haberme sacado a pasear por los manglares. Por las fotografías de referencia, un agradecimiento especial al Dr. Jiangang Luo, de la Universidad de Miami, en Florida; a Gary Bremen; a Candy Feller, por darme fotografías especialmente de la plántula de mangle; al fotógrafo Gary Braasch; a Klaus Ruetzler del Museo Nacional de Historia Natural (NMNH) de la Institución Smithsonian; al fotógrafo Steve Simonsen; y a la bióloga Mandy Joye.

Gracias a John Kress, director del Departamento de Botánica del NMNH de la Institución Smithsonian; a Ray Bradley, director del Departamento de Geociencias de la Universidad de Massachusetts, Amherst; al Conservatorio Durfee (y a Phil, Libby, James y Claire O'Neill por cuidar de Jasper y Rocky en Amherst); a James McElfish, director del programa de Utilización Sostenible de la Tierra del Instituto de Leyes Medioambientales, Washington, D.C.; a Simon Levin, director del Centro de Complejidad Biológica y catedrático Moffet de Biología del Instituto Medioambiental y de Biología Evolucionaria de la Universidad de Princeton, en Princeton, Nueva Jersey; y a Michael Bean, abogado del Fondo para la Defensa Medioambiental, Washington, D.C.

Gracias al biólogo Tom Hollowell del Departamento de Botánica del NMNH de la Institución Smithsonian, por leer el manuscrito, y a su hijo Ashley, cuya ilustración de un pez entre las raíces de mangle me inspiró para escribir este libro.

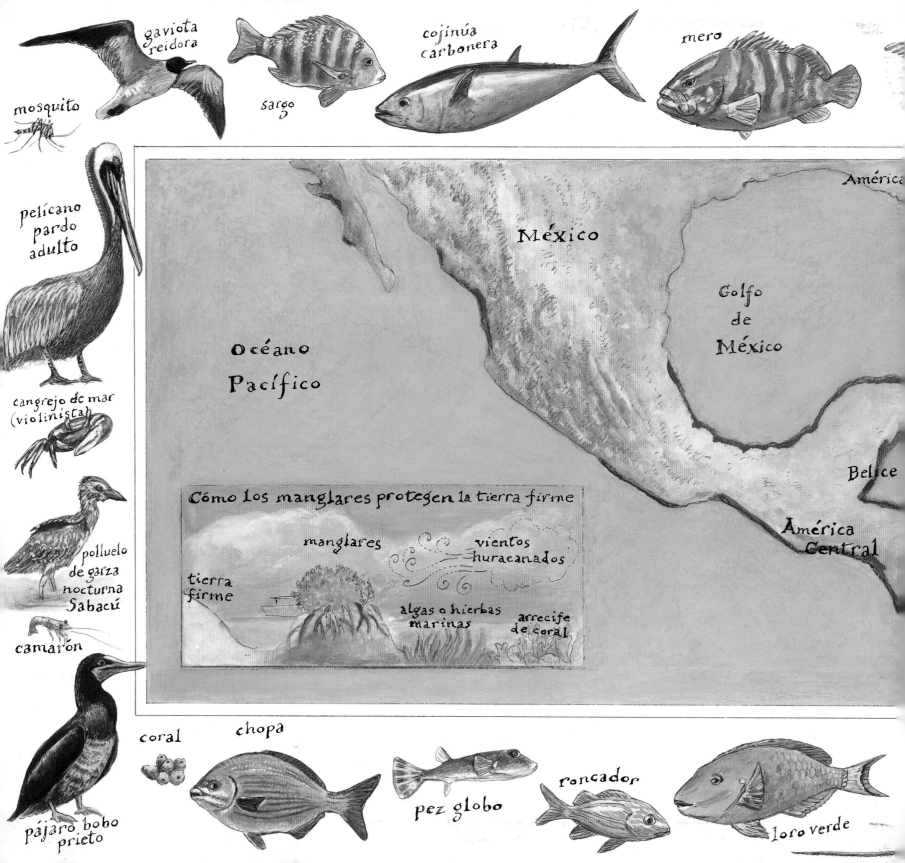

mosquito

gaviota
reidora

sargo

cojinúa
carbonera

mero

pelícano
pardo
adulto

cangrejo de mar
(violinista)

polluelo
de garza
nocturna
Sabacú

camarón

pájaro bobo
prieto

coral

chopa

México

Océano
Pacífico

Golfo
de
México

Belice

América
Central

Cómo los manglares protegen la tierra firme

manglares

vientos
huracanados

tierra
firme

algas o hierbas
marinas

arrecife
de coral

pez globo

roncador

loro verde